ALLOCUTION

ADRESSÉE

A M. le Vicomte Raoul RANDON DE PULLY

Et à Mlle Charlotte-Marie-Albertine

LE CARRUYER DE LAINSECQ

A L'OCCASION DE LEUR MARIAGE

Dans l'Église Notre-Dame-des-Victoires, à Paris

LE 26 MAI 1875

Par M. l'abbé BOISLABEILLE, Vicaire de Saint-Jacques

DE CHATELLERAULT

ALLOCUTION

ADRESSÉE

A M. le Vicomte Raoul RANDON DE PULLY

Et à Mlle CHARLOTTE - MARIE - ALBERTINE

LE CARRUYER DE LAINSECQ

A L'OCCASION DE LEUR MARIAGE

Dans l'Église Notre - Dame - des - Victoires, à Paris

LE 26 MAI 1875

Par M. l'abbé BOISLABEILLE, Vicaire de Saint-Jacques

DE CHATELLERAULT

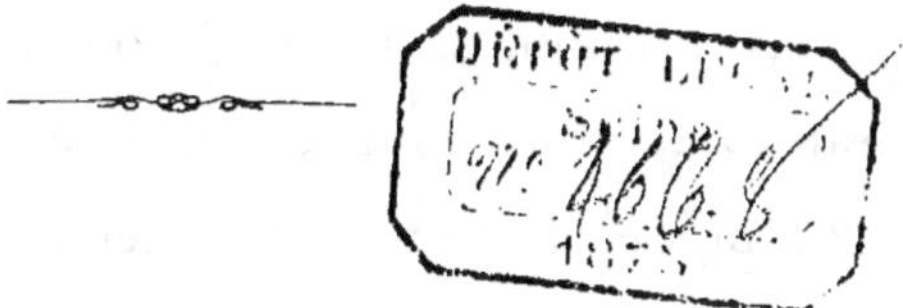

MONSIEUR ET MADEMOISELLE,

Si le ministère que je remplis aujourd'hui auprès de vous, est une des fonctions les plus consolantes du devoir pastoral, elle est aussi trop souvent pour le prêtre un sujet de tristesse. A notre époque de décadence de la foi et des mœurs, combien de fois n'avons-nous pas vu de ces jeunes fiancées belles comme les roses du printemps, pures comme la neige immaculée des sommets alpestres, pieuses comme les anges du Paradis, sacrifiées à des fiancés qui avaient gaspillé dans les plaisirs faciles de la morale indépendante les plus belles années de leur jeunesse, les dons les plus précieux de la nature et de la grâce? Oh! quand le prêtre voit de ces alliances qu'il est appelé à bénir, son cœur gémit, car il prévoit un triste lendemain à ce jour si brillant en apparence, et il redoute que la bénédiction divine qu'il invoque sur les jeunes époux ne se change bientôt en tempête, car si l'un des deux est digne des plus doux sourires du ciel, l'autre ne mérite que sa colère.

Aujourd'hui, Dieu soit loué, nous n'avons pas de pareilles craintes, car nous trouvons dans les deux époux qui sont venus demander à la religion la consécration de leur union, les mêmes sentiments de foi, de piété, d'amour de Dieu et de son Église.

A peine sorti de dessus les genoux de votre pieuse mère, vous avez reçu, Monsieur, des saints religieux, qui de l'aveu de leurs ennemis eux-mêmes, sont les maîtres de l'éducation chrétienne, les fermes et solides principes qui font les hommes et les chrétiens; et grâce à cette boussole, vous avez pu traverser la mer orageuse de la jeunesse, sans boire à la coupe des voluptés mondaines, vous avez conservé votre cœur comme votre blason, sans tache et sans souillure, et vous êtes resté digne de mettre aujourd'hui votre main dans celle de cette vierge pure que dans ses secrets desseins, Dieu vous destinait pour compagne et pour épouse.

Rien n'arrive dans le monde sans la permission de Dieu, mais je le bénis d'avoir été choisi pour être l'instrument et l'intermédiaire de sa Providence, afin d'unir deux cœurs si bien faits pour se comprendre, et si dignes l'un de l'autre.

Qui m'eut dit, Mademoiselle, il y a déjà des années, lorsque je vous préparais au plus beau jour de la vie, avec vos deux frères qui, comme deux chérubins m'assistaient à l'autel, et m'offraient avec l'encens, le pain et le vin du sacrifice, qui m'eut dit alors que je viendrais bénir votre alliance dans le sanctuaire vénéré de Marie, dont vous portez le doux nom, et auquel j'avais affilié l'église qui sera à jamais chère à mon cœur ?..... Depuis ces heureux jours, Mademoiselle, vous avez grandi en grâce, en beauté et en vertus ; cela vous était d'autant plus facile que vous n'aviez qu'à vous former sur le modèle que vous aviez sans cesse devant les yeux, sur cette mère au cœur d'or dont la foi transporterait les

montagnes, dont la charité n'a d'égale que la modestie, et
dont le dévouement pour ses enfants irait jusqu'au sacrifice de sa vie. Elle est bien heureuse aujourd'hui, car elle
a trouvé pour sa fille un époux, comme elle en deman-
dait à Dieu dans ses ardentes prières.

Bénissons donc tous ensemble la bonne Providence
qui a si bien arrangé toutes choses pour cette alliance qui
garde toutes les convenances sociales, et associe deux
existences et deux familles qui peuvent s'unir sans
déroger.

Il y a, en effet, dans les deux familles, qui vont tout à
l'heure n'en faire qu'une, toutes les grandeurs réunies : la
noblesse de race et la noblesse de l'épée, la noblesse des
lettres et la noblesse de la science, la noblesse des arts et
la noblesse de l'agriculture, la plus ancienne de toutes
puisqu'elle remonte jusqu'aux patriarches, et enfin une
noblesse qui vaut encore mieux que toutes celles-là, qui
sont pourtant dignes d'honneur et de gloire, la noblesse
des cœurs et des âmes.

Mademoiselle,

Il est écrit dans les saints livres : la femme quittera son père et sa mère pour suivre son époux. Vous allez donc quitter votre mère bien-aimée, mais ce ne sera pas pour aller comme la fille des Moabites dans une terre étrangère ; vous reviendrez dans cette ville de Chatellerault qui est comme votre seconde patrie, où votre brave et loyal père a laissé une mémoire si grande, un souvenir si populaire, où votre digne mère a conservé de si vives sympathies, où vous avez passé les plus douces années de votre enfance, et où vous serez accueillie par tous les cœurs comme une enfant de la famille.

Vous n'y aurez pas que des amis seulement, vous y trouverez un autre père pour remplacer celui que la Providence vous a enlevé, et une seconde mère qui luttera de tendresse avec lui pour adoucir l'amertume d'une séparation qui ne sera pas sans espérance. Vous y trouverez deux anges de bonté et de vertu qui vous apprendront ce qu'apporte avec lui, de soins délicats et de sincère affection, le doux nom de sœur.

Monsieur et Mademoiselle,

Votre passé me répond de l'avenir ; vous continuerez donc à édifier la cité par la pratique de toutes les vertus chrétiennes, gardant sévèrement les convenances de votre position sociale, mais évitant les excès du luxe dans lesquels tombent aujourd'hui tous les rangs de la société qui préfèrent l'amour du bien-être, aux charges et aux devoirs de la famille.

Oui, jeunes époux, vous aimerez, vous respecterez la religion, vous servirez Dieu et l'Église avec amour et fidélité, et Dieu qui n'est pas avare de ses dons vous en récompensera dès ce monde en vous comblant de ses grâces et de ses bénédictions, en vous accordant toutes les félicités du temps qui ne sont que l'ombre et les prémisses de celles de l'éternité ; c'est ce que cette brillante couronne de parents et d'amis qui vous entourent avec une si vive sympathie, vont demander à Dieu avec moi, par la vertu de l'auguste sacrifice que je vais offrir pour vous.

Ainsi soit-il.

PARIS. — IMP. VICTOR GOUPY, 5, RUE GARANCIÈRE.

BIBLIOTHEQUE NATIONALE DE FRANCE
3 7502 01001220 3